AF188484

Impressum
Verlag: BABADADA GmbH, Nedderfeld 112 , 22529 Hamburg
Geschäftsführer / Verlagsleitung: Harald Hof
Druck: Books on Demand GmbH, In de Tarpen 42, 22848 Norderstedt

Imprint
Publisher: BABADADA GmbH, Nedderfeld 112 , 22529 Hamburg, Germany
Managing Director / Publishing direction: Harald Hof
Print: Books on Demand GmbH, In de Tarpen 42, 22848 Norderstedt, Germany

Šola
Schule

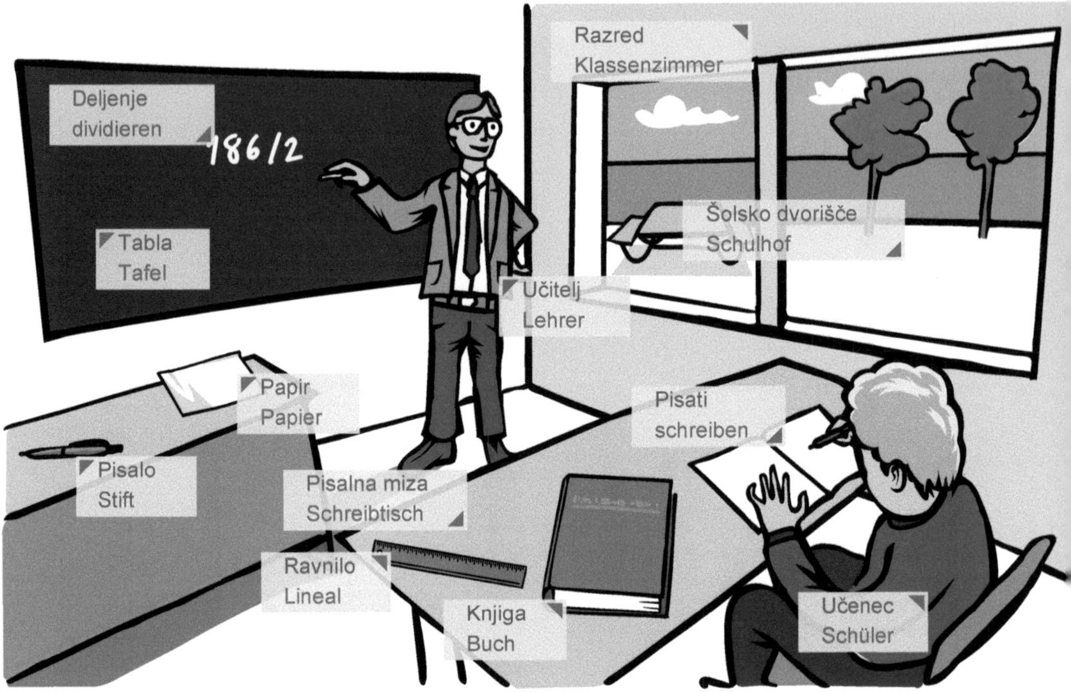

Razred
Klassenzimmer
Deljenje
dividieren
186/2
Tabla
Tafel
Šolsko dvorišče
Schulhof
Učitelj
Lehrer
Papir
Papier
Pisati
schreiben
Pisalo
Stift
Pisalna miza
Schreibtisch
Ravnilo
Lineal
Knjiga
Buch
Učenec
Schüler

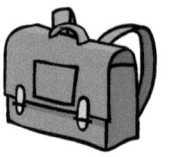

Šolska torba

Ranzen

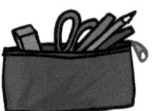

Peresnica

Federmappe

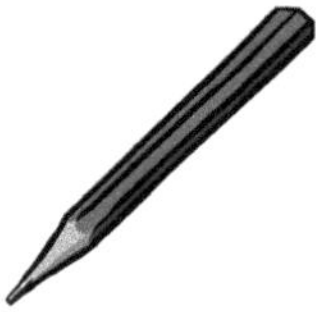

Svinčnik

Bleistift

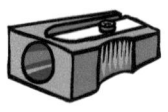

Šilček

Bleistiftanspitzer

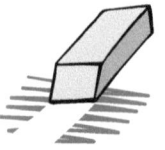

Radirka

Radiergummi

Risalni blok

Zeichenblock

Risba

Zeichnung

Čopič

Pinsel

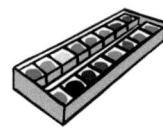

Vodene barvice

Malkasten

Škarje

Schere

Lepilo

Klebstoff

Zvezek

Übungsheft

Domača naloga

Hausaufgabe

12

Število

Zahl

2+2

Seštevanje

addieren

5-2

Odštevanje

subtrahieren

2×2

Množenje

multiplizieren

Računanje

rechnen

A

Črka

Buchstabe

**ABCDEFG
HIJKLMN
OPQRSTU
VWXYZ**

Abeceda

Alphabet

Beseda

Wort

Besedilo

Text

Brati

lesen

Kreda

Kreide

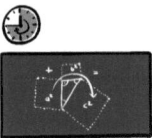

Učna ura

Stunde

Redovalnica

Klassenbuch

Preizkus znanja

Prüfung

Spričevalo

Zeugnis

Šolska uniforma

Schuluniform

Izobrazba

Ausbildung

Enciklopedija

Lexikon

Univerza

Universität

Mikroskop

Mikroskop

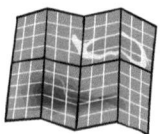

Zemljevid

Karte

Koš za smeti

Papierkorb

Potovanje
Reise

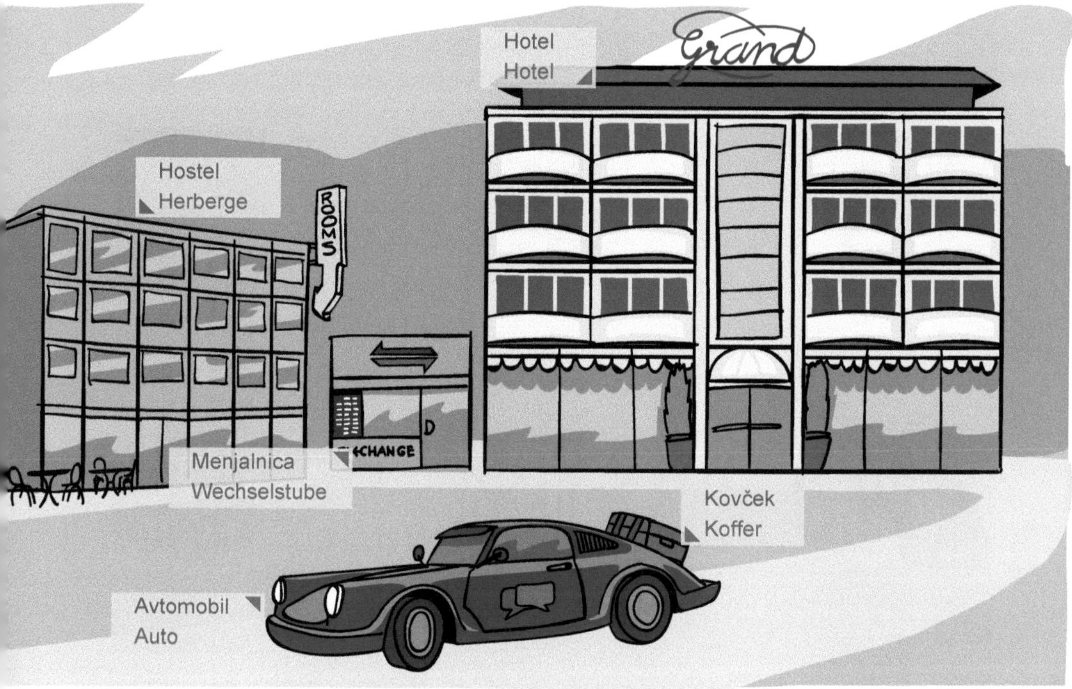

Hotel
Hotel
Grand
Hostel
Herberge
ROOMS
EXCHANGE
Menjalnica
Wechselstube
Kovček
Koffer
Avtomobil
Auto

Jezik

Sprache

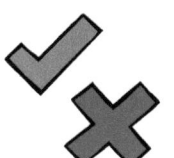

da / ne

ja / nein

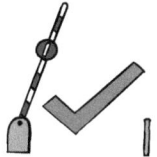

Prav

Okay

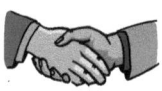

Pozdravljeni

Hallo

Prevajalec

Übersetzer

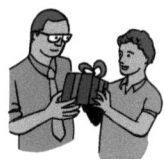

Hvala

Danke

Koliko stane…?

Was kostet…?

Ne razumem

Ich verstehe nicht

Težava

Problem

Dober večer!

Guten Abend!

Dobro jutro!

Guten Morgen!

Lahko noč!

Gute Nacht!

Nasvidenje

Auf Wiedersehen

Smer

Richtung

Prtljaga

Gepäck

Torba

Tasche

Nahrbtnik

Rucksack

Gost

Gast

Soba

Zimmer

Spalna vreča

Schlafsack

Šotor

Zelt

Turistične informacije

Touristeninformation

Plaža

Strand

Kreditna kartica

Kreditkarte

Zajtrk

Frühstück

Kosilo

Mittagessen

Večerja

Abendessen

Vozovnica

Fahrkarte

Dvigalo

Fahrstuhl

Znamka

Briefmarke

Meja

Grenze

Carina

Zoll

Veleposlaništvo

Botschaft

Vizum

Visum

Potni list

Pass

Prevoz
Transport

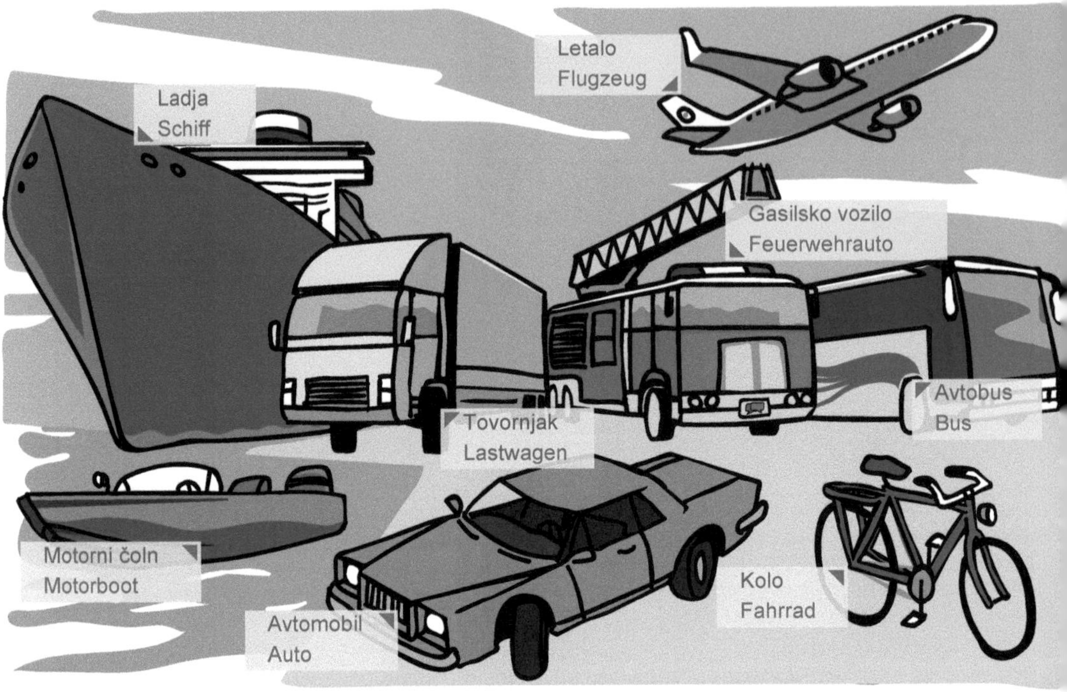
Letalo
Flugzeug
Ladja
Schiff
Gasilsko vozilo
Feuerwehrauto
Avtobus
Bus
Tovornjak
Lastwagen
Motorni čoln
Motorboot
Kolo
Fahrrad
Avtomobil
Auto

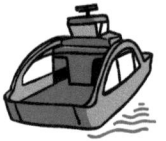

Trajekt

Fähre

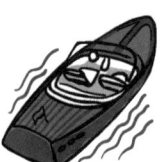

Čoln

Boot

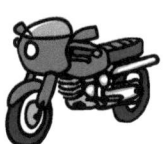

Motorno kolo

Motorrad

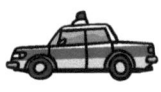

Policijski avto

Polizeiauto

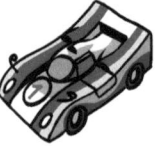

Dirkalni avto

Rennauto

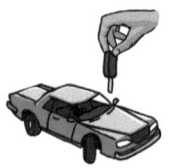

Najeto vozilo

Mietwagen

Souporaba avtomobila

Carsharing

Avtovleka

Abschleppwagen

Smetarsko vozilo

Müllauto

Motor

Motor

Gorivo

Kraftstoff

Bencinska postaja

Tankstelle

Prometni znak

Verkehrsschild

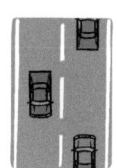

Promet

Verkehr

Zastoj

Stau

Parkirišče

Parkplatz

Železniška postaja

Bahnhof

Tirnice

Schienen

Vlak

Zug

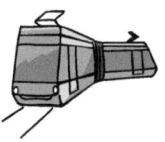

Tramvaj

Straßenbahn

Vagon

Wagon

Helikopter
Helikopter

Letališče
Flughafen

Stolp
Tower

Potnik
Passagier

Kontejner
Container

Karton
Karton

Voziček
Karren

Košara
Korb

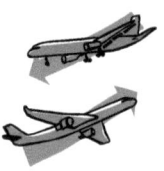

vzleteti / pristati
starten / landen

Mesto
Stadt

Vas
Dorf

Mestno jedro
Stadtzentrum

Hiša
Haus

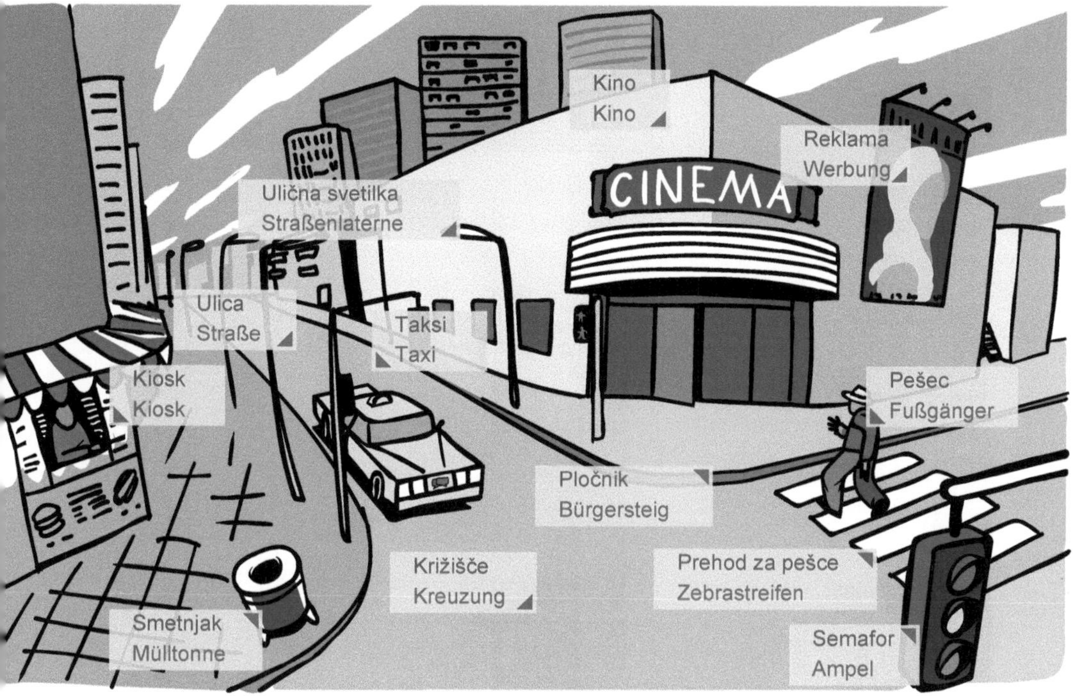

Kino
Kino

Reklama
Werbung

Ulična svetilka
Straßenlaterne

CINEMA

Ulica
Straße

Taksi
Taxi

Pešec
Fußgänger

Kiosk
Kiosk

Pločnik
Bürgersteig

Križišče
Kreuzung

Prehod za pešce
Zebrastreifen

Smetnjak
Mülltonne

Semafor
Ampel

Koča

Hütte

Stanovanje

Wohnung

Železniška postaja

Bahnhof

Mestna hiša

Rathaus

Muzej

Museum

Šola

Schule

Univerza

Universität

Banka

Bank

Bolnišnica

Krankenhaus

Hotel

Hotel

Lekarna

Apotheke

Pisarna

Büro

Knjigarna

Buchhandlung

Trgovina

Geschäft

Cvetličarna

Blumenladen

Supermarket

Supermarkt

Tržnica

Markt

Veleblagovnica

Kaufhaus

Ribarnica

Fischhändler

Nakupovalno središče

Einkaufszentrum

Pristanišče

Hafen

Park
Park

Klop
Bank

Most
Brücke

Stopnice
Treppe

Podzemna železnica
U-Bahn

Predor
Tunnel

Avtobusno postajališče
Bushaltestelle

Bar
Bar

Restavracija
Restaurant

Poštni nabiralnik
Briefkasten

Ulična tabla
Straßenschild

Parkirna ura
Parkuhr

Živalski vrt
Zoo

Kopališče
Badeanstalt

Mošeja
Moschee

Kmetija
Bauernhof

Onesnaževanje
Umweltverschmutzung

Pokopališče
Friedhof

Cerkev
Kirche

Otroško igrišče
Spielplatz

Tempelj
Tempel

Pokrajina
Landschaft

List
Blatt

Kažipot
Wegweiser

Pot
Weg

Travnik
Wiese

Kamen
Stein

Drevo
Baum

Pohodnik
Wanderer

Reka
Fluss

Trava
Gras

Cvetlica
Blume

Dolina

Tal

Hrib

Berg

Jezero

See

Gozd

Wald

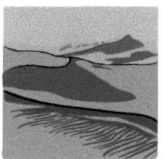

Puščava

Wüste

Vulkan

Vulkan

Grad

Schloss

Mavrica

Regenbogen

Goba

Pilz

Palma

Palme

Komar

Moskito

Muha

Fliege

Mravlja

Ameise

Čebela

Biene

Pajek

Spinne

Hrošč
Käfer

Žaba
Frosch

Veverica
Eichhörnchen

Jež
Igel

Zajec
Hase

Sova
Eule

Ptič
Vogel

Labod
Schwan

Divji prašič
Wildschwein

Jelen
Hirsch

Los
Elch

Jez
Staudamm

Vetrnica
Windrad

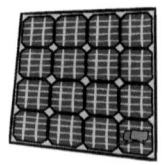

Solarna plošča
Solarmodul

Podnebje
Klima

Restavracija
Restaurant

Natakar
Kellner
Jedilnik
Speisekarte
Stol
Stuhl
Juha
Suppe
Pica
Pizza
Prt
Tischdecke
Pribor
Besteck

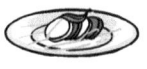

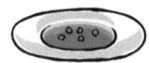

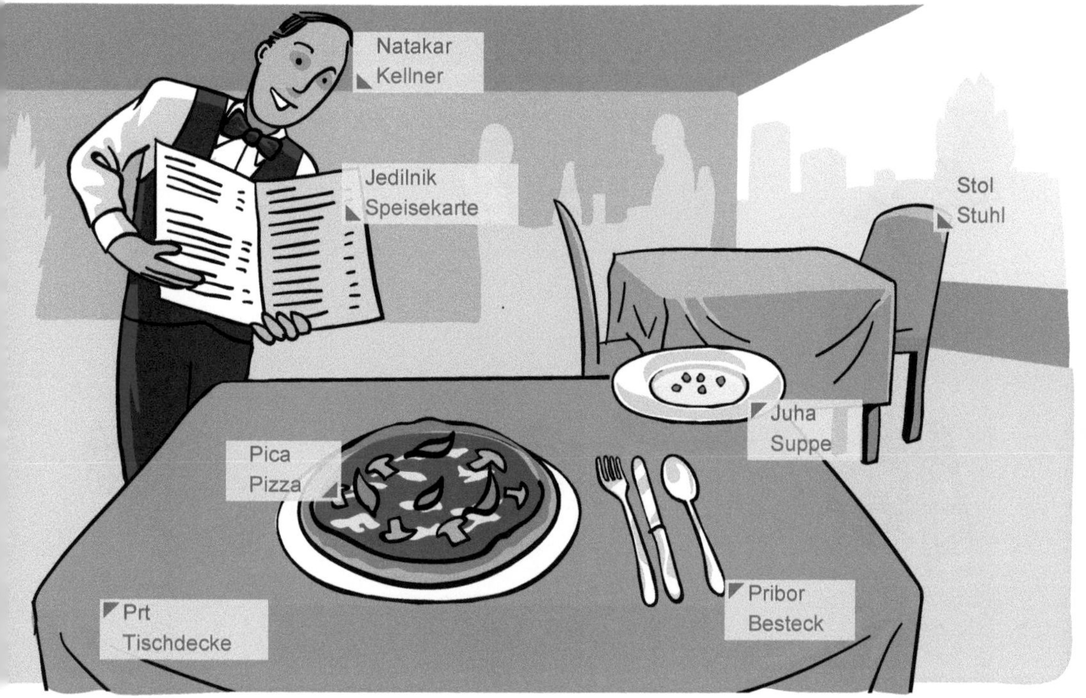

Predjed
Vorspeise

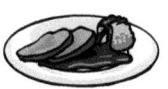

Glavna jed
Hauptgericht

Sladica
Nachspeise

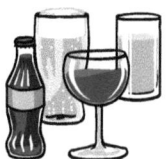

Pijače
Getränke

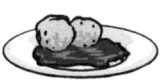

Hrana
Essen

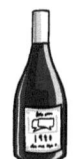

Steklenica
Flasche

Hitra hrana

Fastfood

Ulična hrana

Streetfood

Čajnik

Teekanne

Sladkornica

Zuckerdose

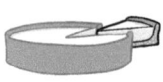

Porcija

Portion

Aparat za espresso

Espressomaschine

Stolček za hranjenje

Hochstuhl

Račun

Rechnung

Pladenj

Tablett

Nož

Messer

Vilica

Gabel

Žlica

Löffel

Čajna žlička

Teelöffel

Servieta

Serviette

Kozarec

Glas

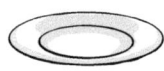

Krožnik
Teller

Globoki krožnik
Suppenteller

Krožniček
Untertasse

Omaka
Sauce

Solnica
Salzstreuer

Mlinček za poper
Pfeffermühle

Kis
Essig

Olje
Öl

Začimbe
Gewürze

Kečap
Ketchup

Gorčica
Senf

Majoneza
Mayonnaise

Supermarket
Supermarkt

Posebna ponudba
Angebot
FOR
Stranka
Kunde
Mlečni izdelki
Milchprodukte
Sadje
Obst
Nakupovalni voziček
Einkaufswagen

BUTCHERS

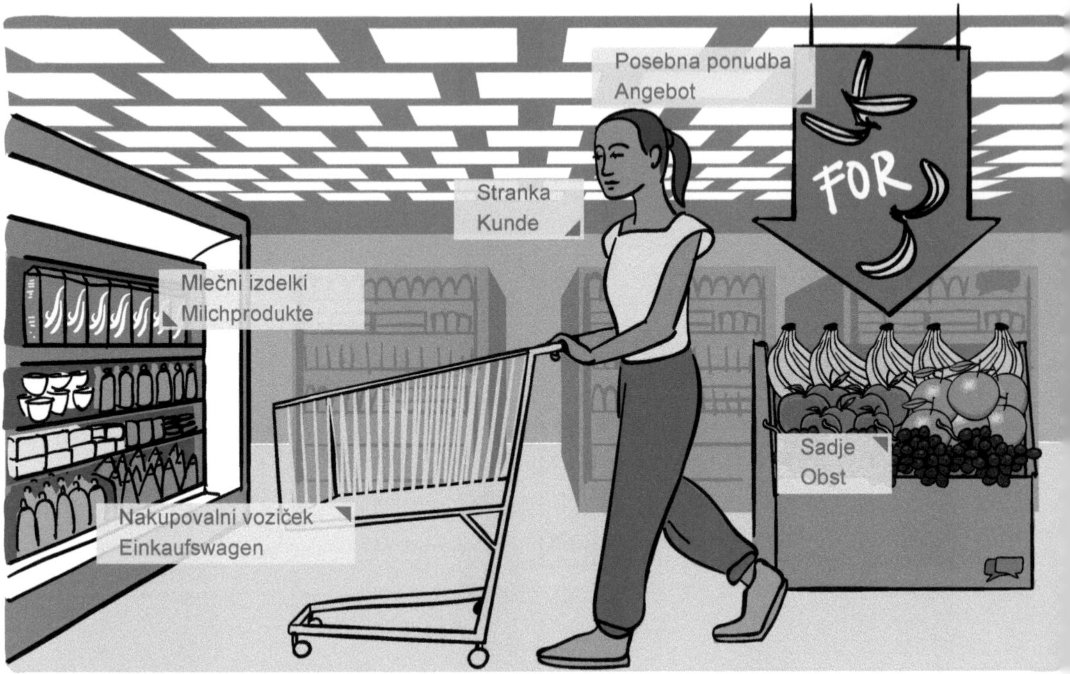

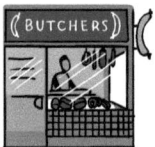

Mesnica

Schlachterei

BAKERY

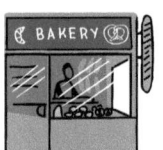

Pekarna

Bäckerei

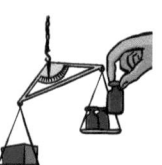

Tehtati

wiegen

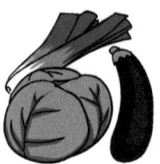

Zelenjava

Gemüse

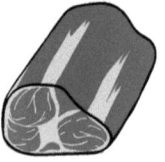

Meso

Fleisch

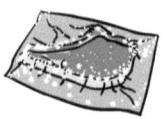

Zamrznjena hrana

Tiefkühlkost

Hladne mesnine

Aufschnitt

Konzerve

Konserven

Pralni prašek

Waschmittel

Sladkarije

Süßigkeiten

Gospodinjski izdelki

Haushaltsartikel

Čistilno sredstvo

Reinigungsmittel

Prodajalka

Verkäuferin

Blagajna

Kasse

Blagajnik

Kassierer

Nakupovalni seznam

Einkaufsliste

Delovni čas

Öffnungszeiten

Denarnica

Brieftasche

Kreditna kartica

Kreditkarte

Torba

Tasche

Plastična vrečka

Plastiktüte

Voda

Wasser

Sok

Saft

Mleko

Milch

Kola

Cola

Vino

Wein

Pivo

Bier

Alkohol

Alkohol

Kakav

Kakao

Čaj

Tee

Kava

Kaffee

Espresso

Espresso

Kapučino

Cappuccino

Banana
....
Banane

Jabolko
....
Apfel

Pomaranča
....
Orange

Lubenica
....
Melone

Limona
....
Zitrone

Korenje
....
Karotte

Česen
....
Knoblauch

Bambus
....
Bambus

Čebula
....
Zwiebel

Goba
....
Pilz

Oreščki
....
Nüsse

Rezanci
....
Nudeln

Špageti

Spaghetti

Riž

Reis

Solata

Salat

Ocvrt krompirček

Pommes frites

Pečen krompir

Bratkartoffeln

Pica

Pizza

Hamburger

Hamburger

Sendvič

Sandwich

Zrezek

Schnitzel

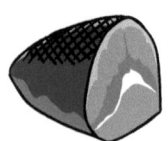

Šunka

Schinken

Salama

Salami

Klobasa

Wurst

Piščanec

Huhn

Pečenka

Braten

Riba

Fisch

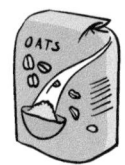

Ovseni kosmiči

Haferflocken

Musli

Müsli

Koruzni kosmiči

Cornflakes

Moka

Mehl

Rogljiček

Croissant

Žemlja

Brötchen

Kruh

Brot

Prepečenec

Toast

Piškoti

Kekse

Maslo

Butter

Skuta

Quark

Torta

Kuchen

Jajce

Ei

Pečeno jajce na oko

Spiegelei

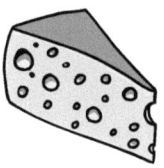

Sir

Käse

Sladoled

Eiscreme

Sladkor

Zucker

Med

Honig

Marmelada

Marmelade

Čokoladni namaz

Nougat-Creme

Kari

Curry

Kmetija
Bauernhof

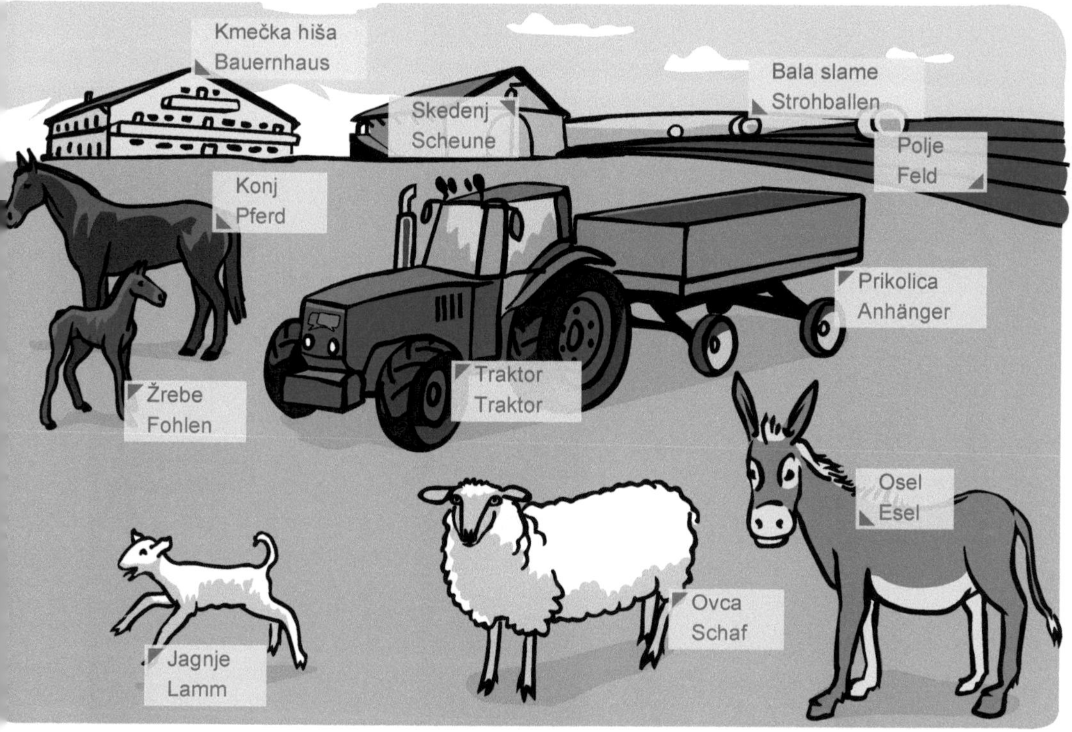

Kmečka hiša
Bauernhaus
Skedenj
Scheune
Bala slame
Strohballen
Polje
Feld
Konj
Pferd
Prikolica
Anhänger
Traktor
Traktor
Žrebe
Fohlen
Osel
Esel
Ovca
Schaf
Jagnje
Lamm

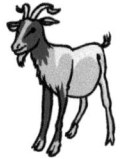

Koza

Ziege

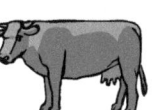

Krava

Kuh

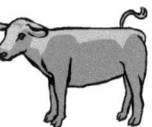

Tele

Kalb

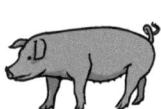

Prašič

Schwein

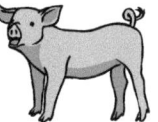

Pujsek

Ferkel

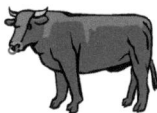

Bik

Bulle

Gos

Gans

Raca

Ente

Piščanec

Küken

Kokoš

Huhn

Petelin

Hahn

Podgana

Ratte

Mačka

Katze

Miš

Maus

Vol

Ochse

Pes

Hund

Pasja uta

Hundehütte

Cev za zalivanje

Gartenschlauch

Kangla za zalivanje

Gießkanne

Kosa

Sense

Plug

Pflug

Srp

Sichel

Motika

Hacke

Vile

Mistgabel

Sekira

Axt

Samokolnica

Schubkarre

Korito

Trog

Kangla za mleko

Milchkanne

Vreča

Sack

Ograja

Zaun

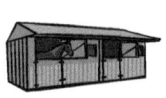

Hlev

Stall

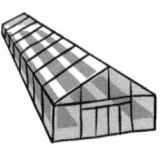

Rastlinjak

Treibhaus

Prst

Boden

Seme

Saat

Gnojilo

Dünger

Kombajn

Mähdrescher

Žeti

ernten

Žetev

Ernte

Jam

Yamswurzel

Pšenica

Weizen

Soja

Soja

Krompir

Kartoffel

Koruza

Mais

Oljna ogrščica

Raps

Sadno drevo

Obstbaum

Maniok

Maniok

Žito

Getreide

Hiša
Haus

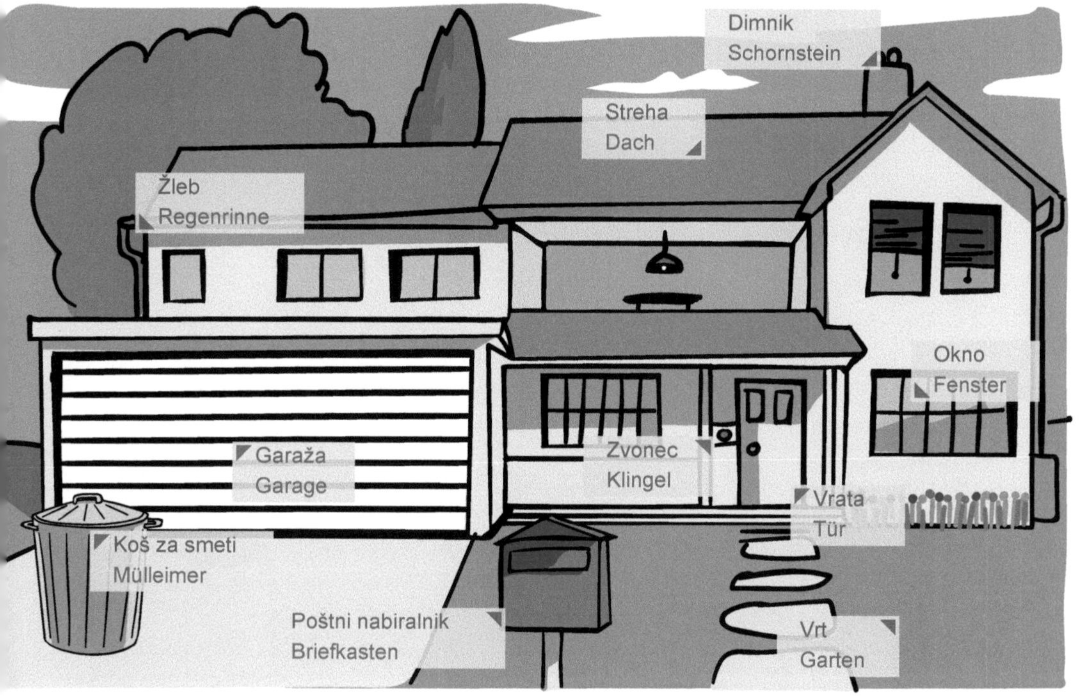
Dimnik
Schornstein
Streha
Dach
Žleb
Regenrinne
Okno
Fenster
Garaža
Garage
Zvonec
Klingel
Vrata
Tür
Koš za smeti
Mülleimer
Poštni nabiralnik
Briefkasten
Vrt
Garten

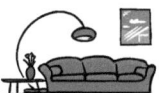

Dnevna soba

Wohnzimmer

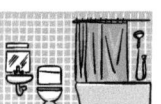

Kopalnica

Badezimmer

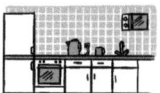

Kuhinja

Küche

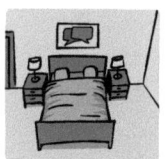

Spalnica

Schlafzimmer

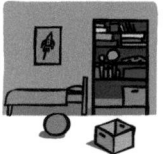

Otroška soba

Kinderzimmer

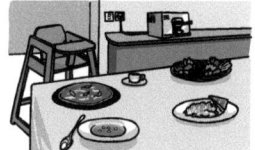

Jedilnica

Esszimmer

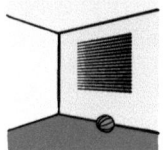

Tla
Boden

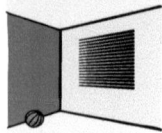

Stena
Wand

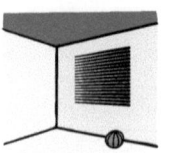

Strop
Decke

Klet
Keller

Savna
Sauna

Balkon
Balkon

Terasa
Terrasse

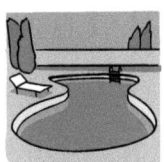

Bazen
Schwimmbad

Kosilnica
Rasenmäher

Rjuha
Bettbezug

Posteljno pregrinjalo
Bettdecke

Postelja
Bett

Metla
Besen

Vedro
Eimer

Stikalo
Schalter

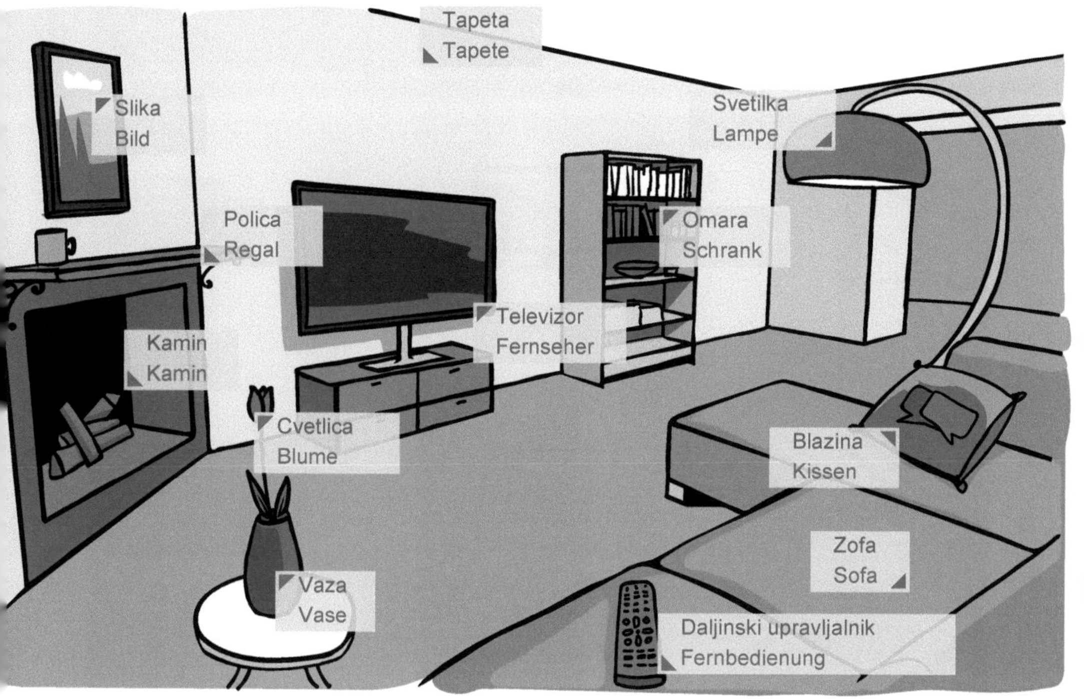

Tapeta
Tapete

Slika
Bild

Svetilka
Lampe

Polica
Regal

Omara
Schrank

Kamin
Kamin

Televizor
Fernseher

Cvetlica
Blume

Blazina
Kissen

Zofa
Sofa

Vaza
Vase

Daljinski upravljalnik
Fernbedienung

Preproga
Teppich

Zavesa
Vorhang

Miza
Tisch

Stol
Stuhl

Gugalnik
Schaukelstuhl

Naslanjač
Sessel

Knjiga
Buch

Odeja
Decke

Dekoracija
Dekoration

Drva
Feuerholz

Film
Film

Glasbeni stolp
Stereoanlage

Ključ
Schlüssel

Časopis
Zeitung

Slika
Gemälde

Plakat
Poster

Radio
Radio

Beležka
Notizblock

Sesalnik
Staubsauger

Kaktus
Kaktus

Sveča
Kerze

Kuhinja
Küche

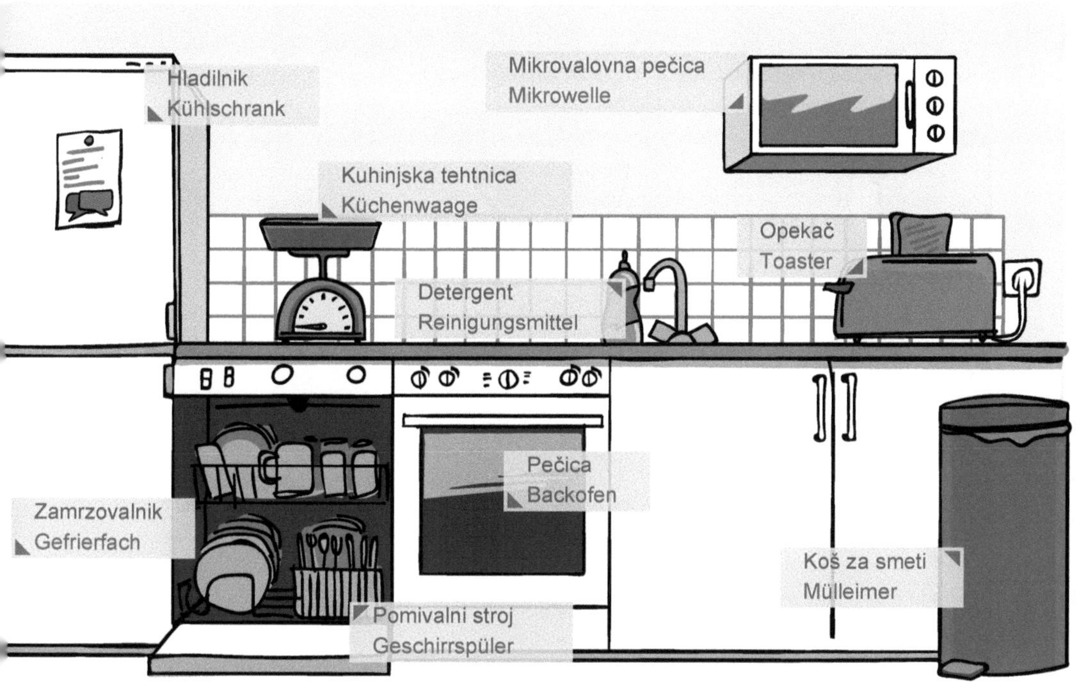
Hladilnik
Kühlschrank
Mikrovalovna pečica
Mikrowelle
Kuhinjska tehtnica
Küchenwaage
Opekač
Toaster
Detergent
Reinigungsmittel
Pečica
Backofen
Zamrzovalnik
Gefrierfach
Koš za smeti
Mülleimer
Pomivalni stroj
Geschirrspüler

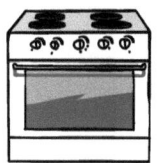

Kozica

Herd

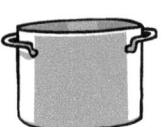

Lonec

Topf

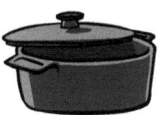

Litoželezni lonec

Eisentopf

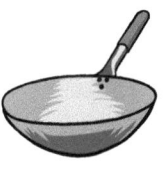

Vok / kadai

Wok / Kadai

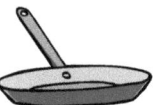

Ponev

Pfanne

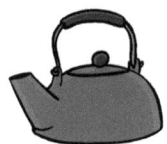

Kotliček

Wasserkocher

	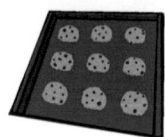	
Parni kuhalnik	Pekač	Posoda
Dampfgarer	Backblech	Geschirr

Skodelica	Skleda	Jedilne paličice
Becher	Schale	Essstäbchen

Zajemalka	Lopatica	Metlica
Suppenkelle	Pfannenwender	Schneebesen

Cedilnik	Cedilo	Strgalo
Kochsieb	Sieb	Reibe

Možnar	Žar	Ognjišče
Mörser	Grill	Feuerstelle

Deska za rezanje

Schneidebrett

Valjar

Nudelholz

Odpirač za steklenice

Korkenzieher

Pločevinka

Dose

Odpirač za konzerve

Dosenöffner

Prijemalka za posodo

Topflappen

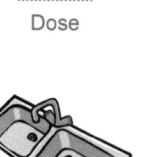

Korito

Waschbecken

Ščetka

Bürste

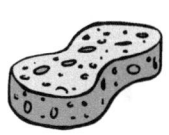

Goba

Schwamm

Mešalnik

Mixer

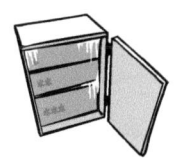

Zamrzovalna skrinja

Gefriertruhe

Steklenička

Babyflasche

Pipa

Wasserhahn

Kopalnica
Badezimmer

Ogrevanje
Heizung
Brisača
Handtuch
Prha
Dusche
Zavesa za prho
Duschvorhang
Peneča kopel
Schaumbad
Kopalna kad
Badewanne
Kozarec
Glas
Pralni stroj
Waschmaschine
Pipa
Wasserhahn
Ploščice
Fliesen
Kahlica
Töpfchen
Korito
Waschbecken

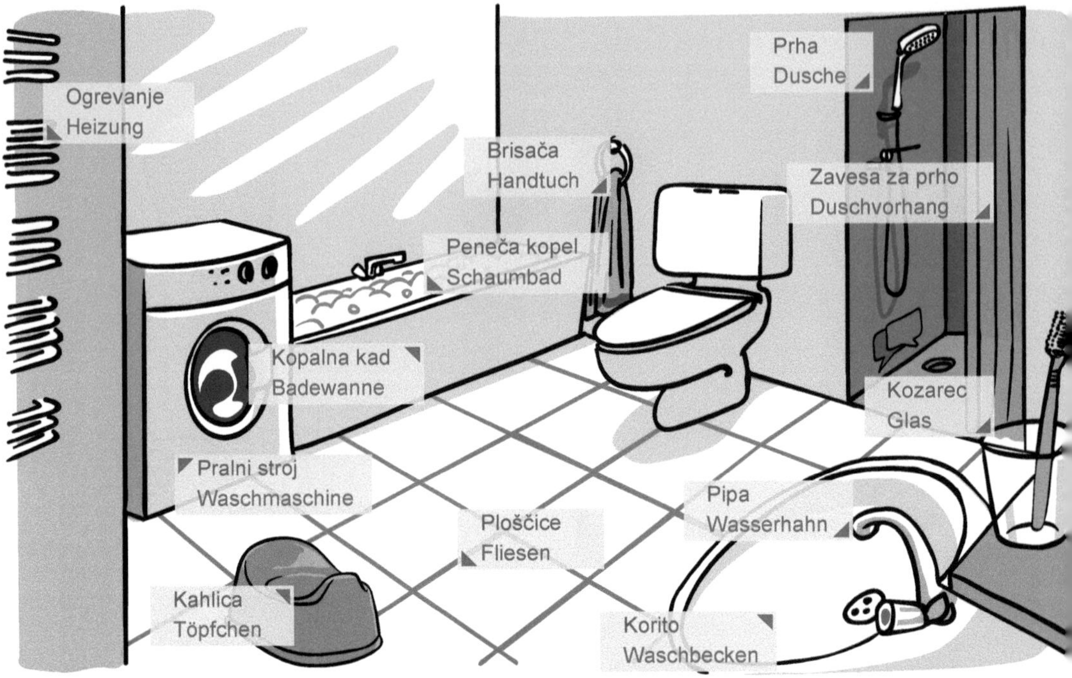

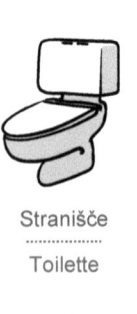

Stranišče

Toilette

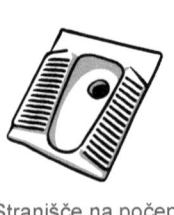

Stranišče na počep

Hocktoilette

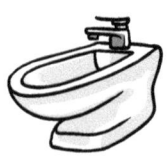

Bide

Bidet

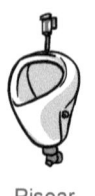

Pisoar

Pissoir

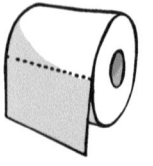

Toaletni papir

Toilettenpapier

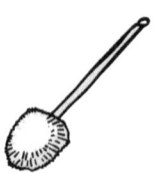

Ščetka za straniščno školjko

Toilettenbürste

Zobna ščetka

Zahnbürste

Zobna pasta

Zahnpasta

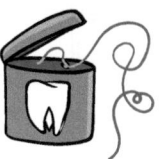

Zobna nitka

Zahnseide

Umiti se

waschen

Ročna prha

Handbrause

Prha za intimne dele

Intimdusche

Umivalnik

Waschschüssel

Krtača za hrbet

Rückenbürste

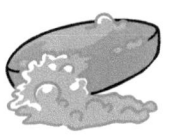

Milo

Seife

Gel za prhanje

Duschgel

Šampon

Shampoo

Krpica za miljenje

Waschlappen

Odtok

Abfluss

Krema

Creme

Deodorant

Deodorant

Ogledalo

Spiegel

Ročno ogledalo

Kosmetikspiegel

Britvica

Rasierer

Pena za britje

Rasierschaum

Vodica po britju

Rasierwasser

Glavnik

Kamm

Ščetka

Bürste

Sušilnik za lase

Föhn

Lak za lase

Haarspray

Ličila

Makeup

Šminka

Lippenstift

Lak za nohte

Nagellack

Vatirane blazinice

Watte

Škarjice za nohte

Nagelschere

Parfum

Parfum

Toaletna torbica

Kulturbeutel

Stol brez naslonjala

Hocker

Osebna tehtnica

Waage

Kopalni plašč

Bademantel

Gumijaste rokavice

Gummihandschuhe

Tampon

Tampon

Damski vložki

Damenbinde

Kemično stranišče

Chemietoilette

Otroška soba
Kinderzimmer

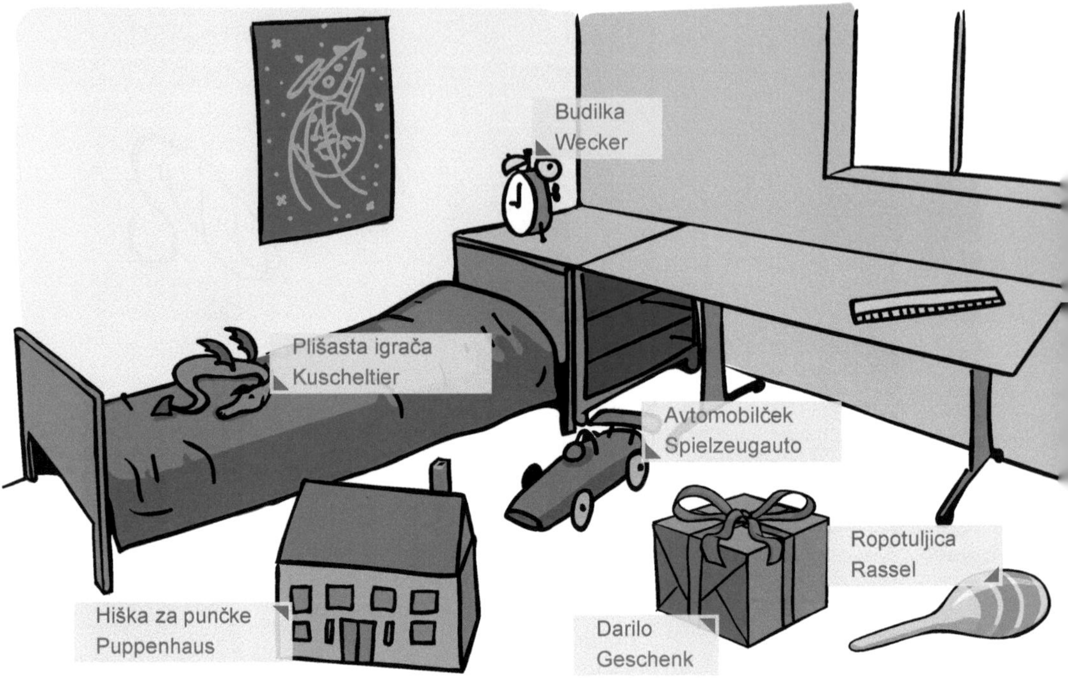
Budilka
Wecker
Plišasta igrača
Kuscheltier
Avtomobilček
Spielzeugauto
Ropotuljica
Rassel
Hiška za punčke
Puppenhaus
Darilo
Geschenk

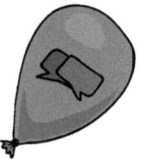

Balon

Ballon

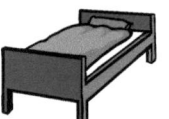

Postelja

Bett

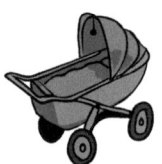

Otroški voziček

Kinderwagen

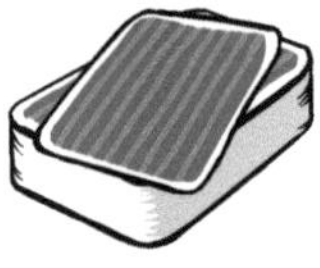

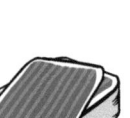

Igralne karte

Kartenspiel

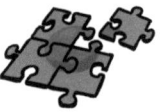

Sestavljanka

Puzzle

Strip

Comic

Lego kocke

Legosteine

Igralne kocke

Bausteine

Akcijska figura

Action Figur

Bodi

Strampelanzug

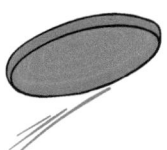

Frizbi

Frisbee

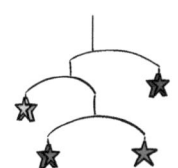

Vrtiljak za posteljico

Mobile

Namizna igra

Brettspiel

Kocka

Würfel

Komplet modelov vlakov

Modelleisenbahn

Duda

Schnuller

Zabava

Party

Slikanica

Bilderbuch

Žoga

Ball

Lutka

Puppe

Igrati se

spielen

Peskovnik

Sandkasten

Gugalnica

Schaukel

Igrače

Spielzeug

Igralna konzola

Spielkonsole

Tricikel

Dreirad

Plišasti medvedek

Teddy

Garderoba

Kleiderschrank

Oblačilo
Kleidung

Nogavice

Socken

Samostoječe nogavice

Strümpfe

Hlačne nogavice

Strumpfhose

Šal
Schal

Dežnik
Regenschirm

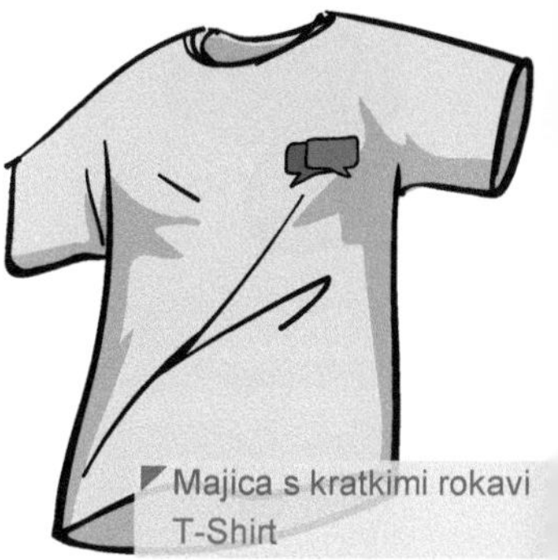

Majica s kratkimi rokavi
T-Shirt

Pas
Gürtel

Škornji
Stiefel

Copati
Hausschuhe

Športni copati
Turnschuhe

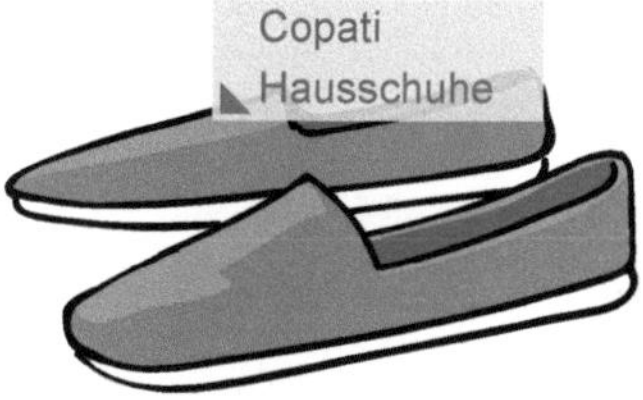

Sandali
....
Sandalen

Čevlji
....
Schuhe

Gumijasti škornji
....
Gummistiefel

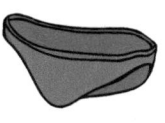

Spodnje hlače
....
Unterhose

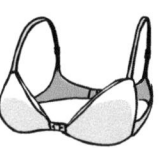

Modrček
....
Büstenhalter

Telovnik
....
Unterhemd

Bodi
Body

Hlače
Hose

Kavbojke
Jeans

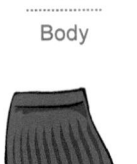

Krilo
Rock

Bluza
Bluse

Srajca
Hemd

Pulover
Pullover

Pletena jopica
Kapuzenpullover

Jopa
Blazer

Jakna
Jacke

Plašč
Mantel

Dežni plašč
Regenmantel

Kostim
Kostüm

Obleka
Kleid

Poročna obleka
Hochzeitskleid

Obleka

Anzug

Spalna srajca

Nachthemd

Pižama

Schlafanzug

Sari

Sari

Naglavna ruta

Kopftuch

Turban

Turban

Burka

Burka

Kaftan

Kaftan

Abaja

Abaya

Kopalke

Badeanzug

Kopalne hlače

Badehose

Kratke hlače

Kurze Hose

Trenirka

Trainingsanzug

Predpasnik

Schürze

Rokavice

Handschuhe

Gumb

Knopf

Očala

Brille

Zapestnica

Armband

Verižica

Halskette

Prstan

Ring

Uhan

Ohrring

Kapa

Mütze

Obešalnik

Kleiderbügel

Klobuk

Hut

Kravata

Krawatte

Zadrga

Reißverschluss

Čelada

Helm

Naramnice

Hosenträger

Šolska uniforma

Schuluniform

Uniforma

Uniform

Slinček
Lätzchen

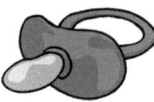

Duda
Schnuller

Plenica
Windel

Pisarna
Büro

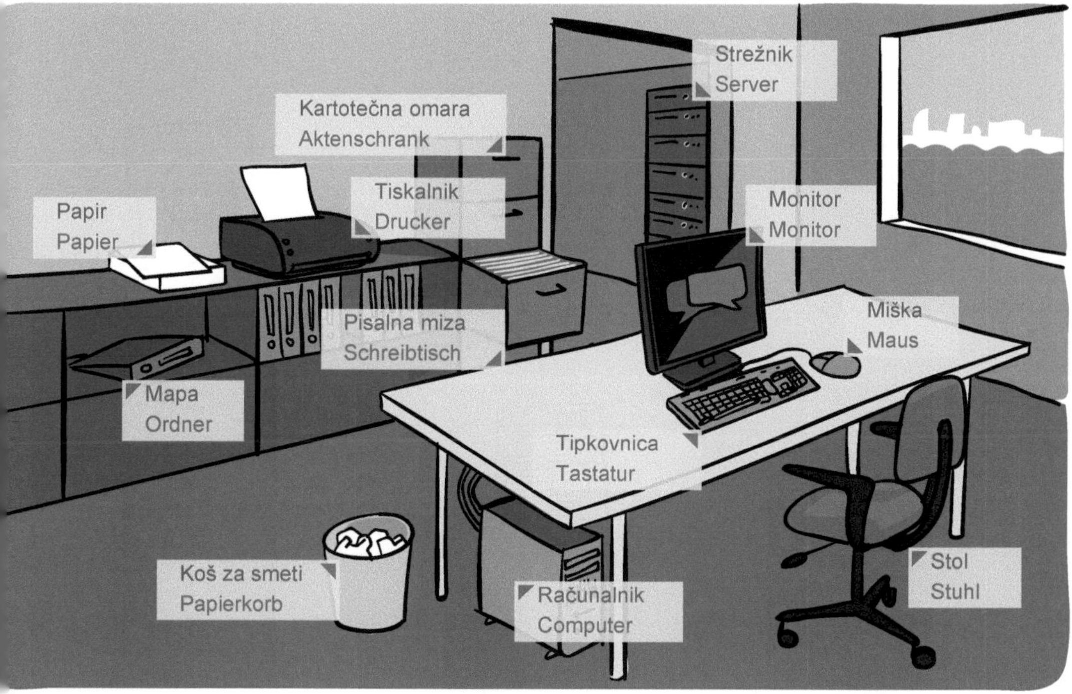

Strežnik
Server

Kartotečna omara
Aktenschrank

Tiskalnik
Drucker

Papir
Papier

Monitor
Monitor

Pisalna miza
Schreibtisch

Miška
Maus

Mapa
Ordner

Tipkovnica
Tastatur

Koš za smeti
Papierkorb

Stol
Stuhl

Računalnik
Computer

Lonček za kavo
Kaffeebecher

Kalkulator
Taschenrechner

Internet
Internet

Prenosnik

Laptop

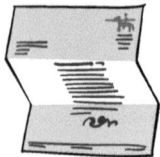

Pismo

Brief

Sporočilo

Nachricht

Mobilnik

Handy

Omrežje

Netzwerk

Kopirni stroj

Kopierer

Programska oprema

Software

Telefon

Telefon

Vtičnica

Steckdose

Telefaks

Fax

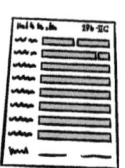

Obrazec

Formular

Dokument

Dokument

Kupiti

kaufen

Plačati

bezahlen

Trgovati

handeln

Denar

Geld

Dolar

Dollar

Evro

Euro

Jen

Yen

Rubelj

Rubel

Švičarski frank

Franken

Kitajski juan renminbi

Renminbi Yuan

Rupija

Rupie

Bankomat

Geldautomat

Menjalnica

Wechselstube

Zlato

Gold

Srebro

Silber

Nafta

Öl

Energija

Energie

Cena

Preis

Pogodba

Vertrag

Davek

Steuer

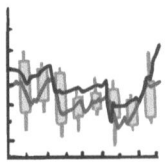

Delnice

Aktie

Delati

arbeiten

Delojemalec

Angestellter

Delodajalec

Arbeitgeber

Tovarna

Fabrik

Trgovina

Geschäft

Poklici
Berufe

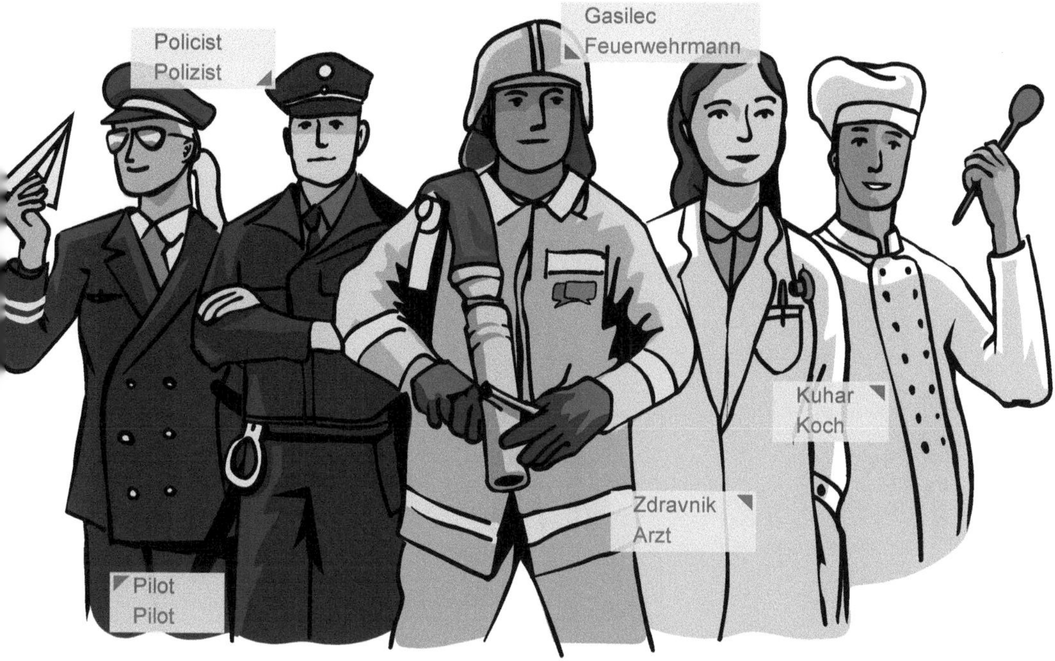
Policist
Polizist
Gasilec
Feuerwehrmann
Kuhar
Koch
Zdravnik
Arzt
Pilot
Pilot

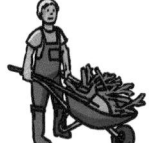

Vrtnar

Gärtner

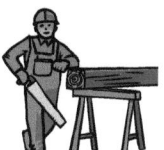

Mizar

Tischler

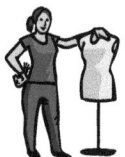

Šivilja

Näherin

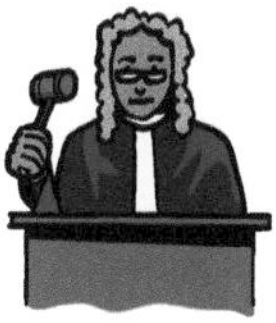

Sodnik

Richter

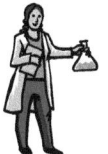

Kemik

Chemiker

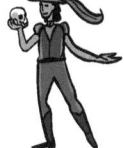

Igralec

Schauspieler

Voznik avtobusa

Busfahrer

Taksist

Taxifahrer

Ribič

Fischer

Čistilka

Putzfrau

Krovec

Dachdecker

Natakar

Kellner

Lovec

Jäger

Pleskar

Maler

Pek

Bäcker

Električar

Elektriker

Gradbenik

Bauarbeiter

Inženir

Ingenieur

Mesar

Schlachter

Vodovodni inštalater

Klempner

Poštar

Postbote

Vojak
Soldat

Arhitekt
Architekt

Blagajnik
Kassierer

Cvetličar
Florist

Frizer
Friseur

Sprevodnik
Schaffner

Mehanik
Mechaniker

Kapitan
Kapitän

Zobozdravnik
Zahnarzt

Znanstvenik
Wissenschaftler

Rabin
Rabbi

Imam
Imam

Menih
Mönch

Duhovnik
Geistlicher

Orodje
Werkzeuge

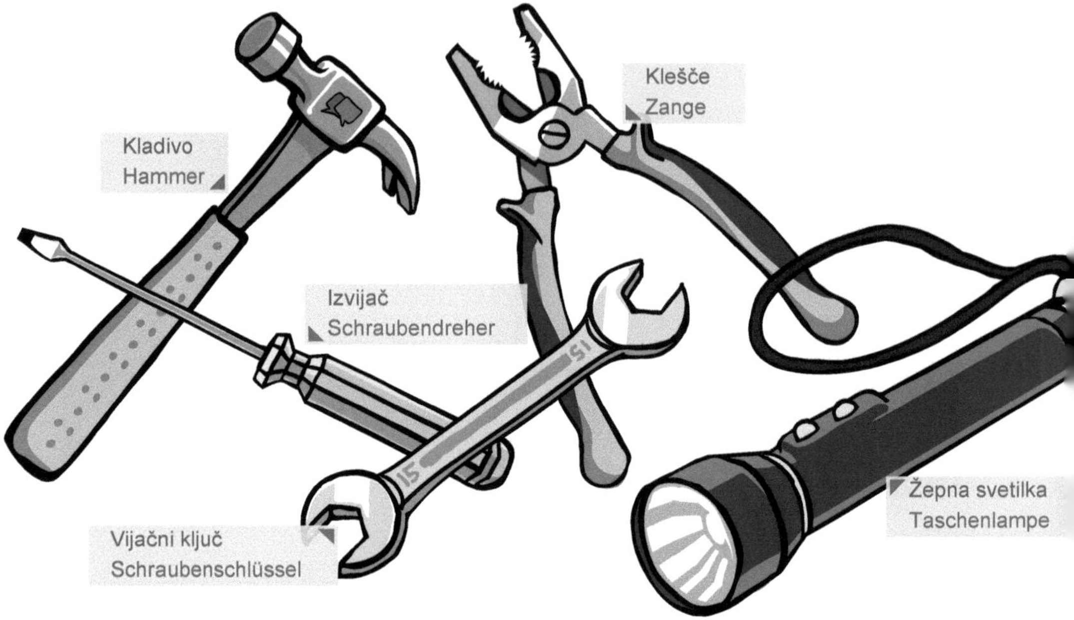
Kladivo
Hammer
Klešče
Zange
Izvijač
Schraubendreher
Žepna svetilka
Taschenlampe
Vijačni ključ
Schraubenschlüssel

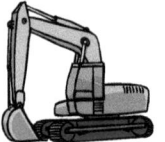

Bager

Bagger

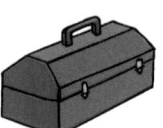

Zaboj z orodjem

Werkzeugkasten

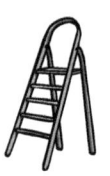

Lestev

Leiter

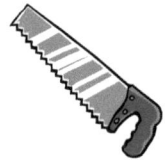

Žaga

Säge

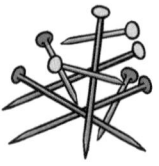

Žeblji

Nägel

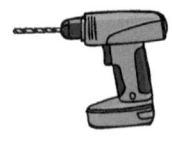

Vrtalnik

Bohrer

Popraviti

reparieren

Lopata

Schaufel

Šment!

Mist!

Smetišnica

Kehrblech

Posoda z barvo

Farbtopf

Vijaki

Schrauben

Glasbeni instrument
Musikinstrumente

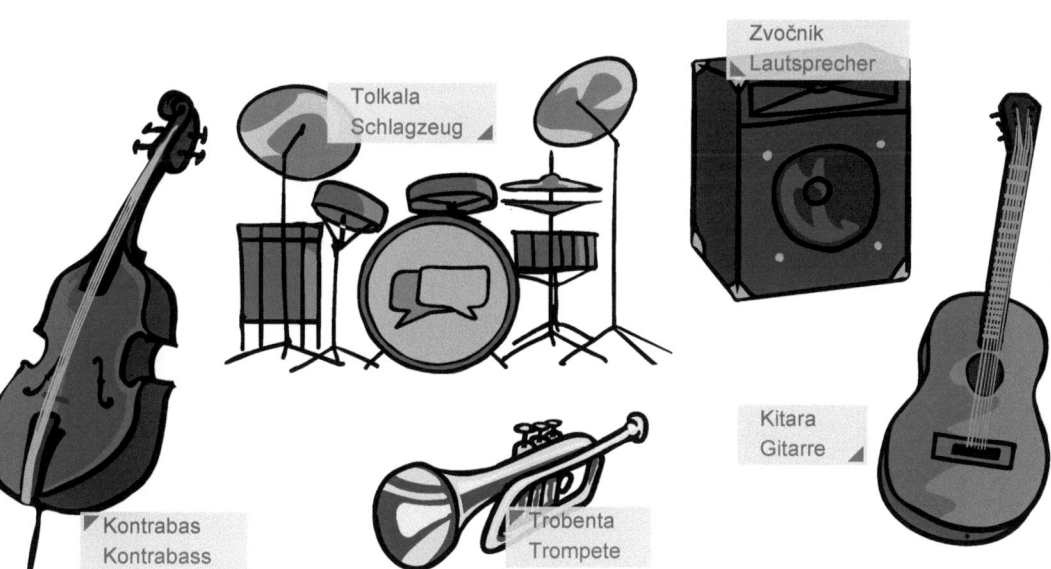

Tolkala
Schlagzeug

Zvočnik
Lautsprecher

Kitara
Gitarre

Kontrabas
Kontrabass

Trobenta
Trompete

Klavir

Klavier

Violina

Violine

Bas kitara

Bass

Pavke

Pauke

Bobni

Trommeln

Sintetizator

Keyboard

Saksofon

Saxophon

Flavta

Flöte

Mikrofon

Mikrofon

Živalski vrt

Zoo

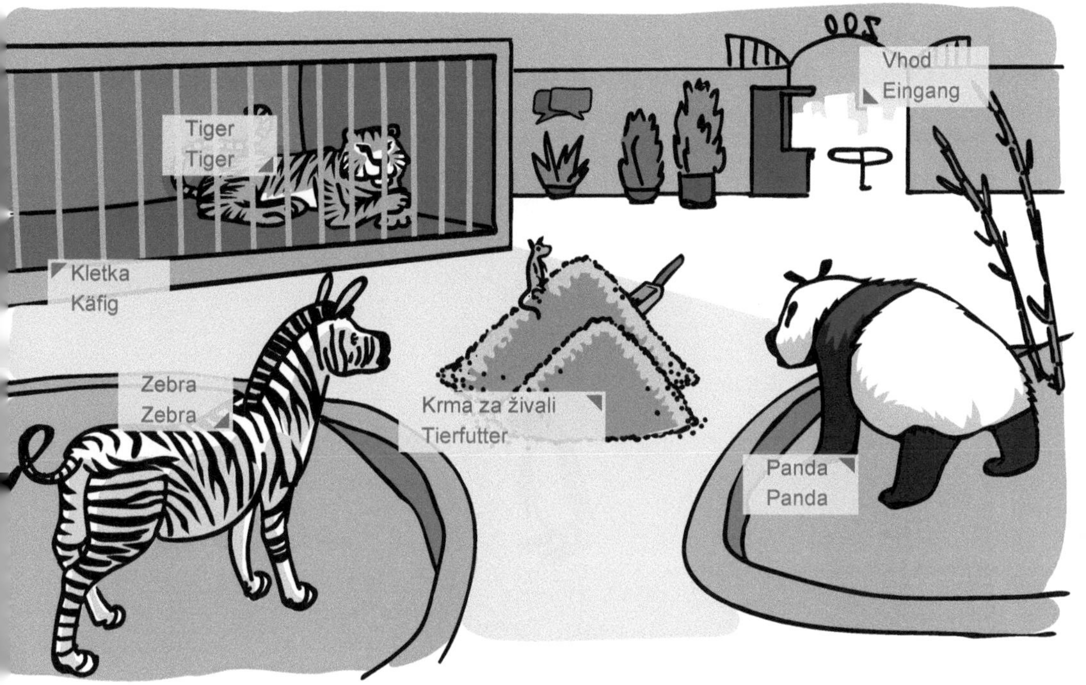

Tiger
Tiger
Vhod
Eingang
Kletka
Käfig
Zebra
Zebra
Krma za živali
Tierfutter
Panda
Panda

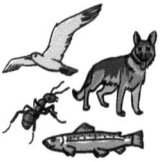

Živali

Tiere

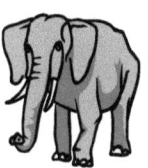

Slon

Elefant

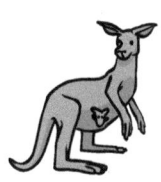

Kenguru

Känguru

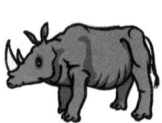

Nosorog

Nashorn

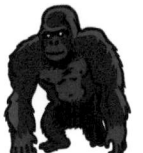

Gorila

Gorilla

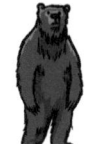

Medved

Bär

Kamela

Kamel

Noj

Strauß

Lev

Löwe

Opica

Affe

Plamenec

Flamingo

Papagaj

Papagei

Severni medved

Eisbär

Pingvin

Pinguin

Morski pes

Hai

Pav

Pfau

Kača

Schlange

Krokodil

Krokodil

Oskrbnik v živalskem vrtu

Zoowärter

Tjulenj

Robbe

Jaguar

Jaguar

Poni

Pony

Leopard

Leopard

Povodni konj

Nilpferd

Žirafa

Giraffe

Orel

Adler

Divji prašič

Wildschwein

Riba

Fisch

Želva

Schildkröte

Mrož

Walross

Lisica

Fuchs

Gazela

Gazelle

Ameriški nogomet
American Football

Kolesarjenje
Radfahren

Tenis
Tennis

Košarka
Basketball

Plavanje
Schwimmen

Boks
Boxen

Hokej
Eishockey

Nogomet
Fußball

Badminton
Badminton

Atletika
Leichtathletik

Rokomet
Handball

Smučanje
Skilaufen

Polo
Polo

Dejavnosti
Aktivitäten

Smejati se
lachen
Skočiti
springen
Objeti
umarmen
Hoditi
gehen
Peti
singen
Sanjati
träumen
Moliti
beten
Poljubiti
küssen

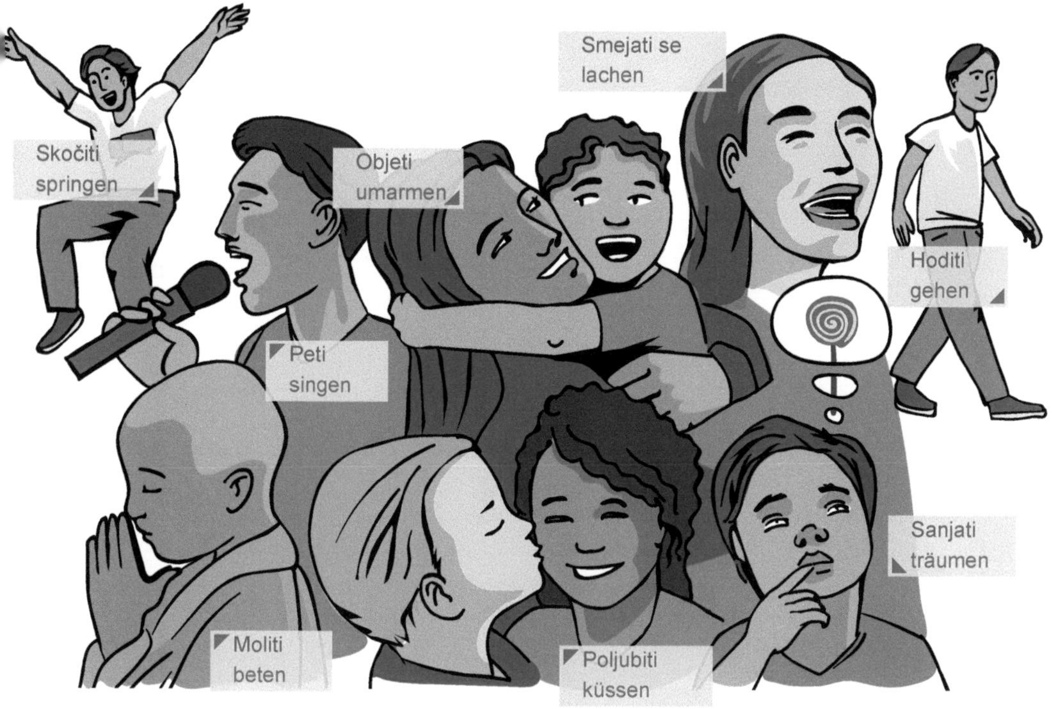

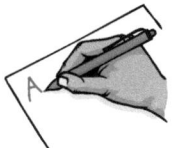

Pisati

schreiben

Risati

zeichnen

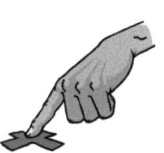

Pokazati

zeigen

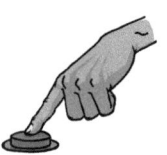

Potisniti

drücken

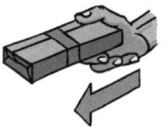

Dati

geben

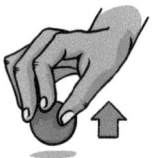

Vzeti

nehmen

Imeti

haben

Narediti

tun

Biti

sein

Stati

stehen

Teči

laufen

Vleči

ziehen

Vreči

werfen

Pasti

fallen

Ležati

liegen

Čakati

warten

Nositi

tragen

Sedeti

sitzen

Obleči se

anziehen

Spati

schlafen

Zbuditi se

aufwachen

Gledati	Jokati	Božati
ansehen	weinen	streicheln

Česati se	Govoriti	Razumeti
kämmen	reden	verstehen

Vprašati	Poslušati	Piti
fragen	hören	trinken

Jesti	Pospraviti	Ljubiti
essen	aufräumen	lieben

Kuhati	Voziti	Leteti
kochen	fahren	fliegen

Jadrati

segeln

Računanje

rechnen

Brati

lesen

Učiti se

lernen

Delati

arbeiten

Poročiti se

heiraten

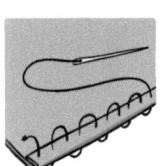

Šivati

nähen

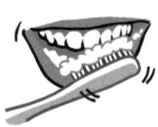

Ščetkati si zobe

Zähne putzen

Ubiti

töten

Kaditi

rauchen

Poslati

senden

Družina
Familie

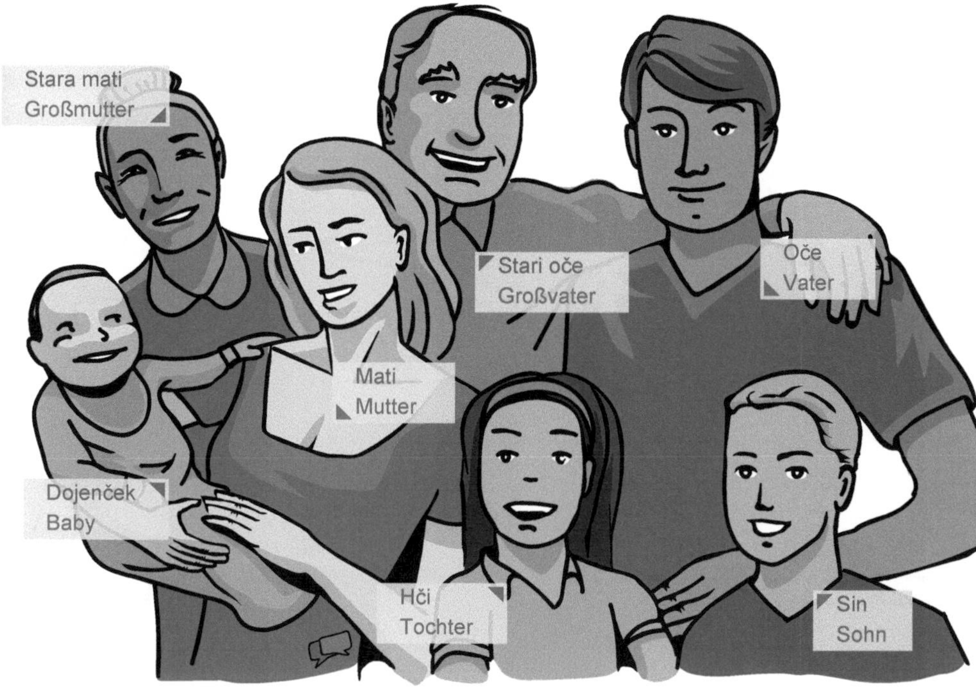

Stara mati
Großmutter
Stari oče
Großvater
Oče
Vater
Mati
Mutter
Dojenček
Baby
Hči
Tochter
Sin
Sohn

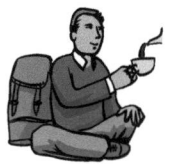

Gost

Gast

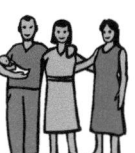

Teta

Tante

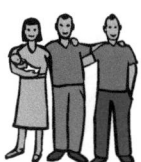

Stric

Onkel

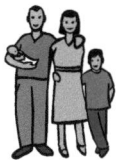

Brat

Bruder

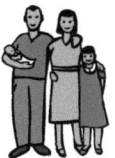

Sestra

Schwester

Telo

Körper

Čelo
Stirn
Oko
Auge
Rama
Schulter
Prst
Finger
Obraz
Gesicht
Brada
Kinn
Dlan
Hand
Noga
Bein
Prsi
Brust
Roka
Arm

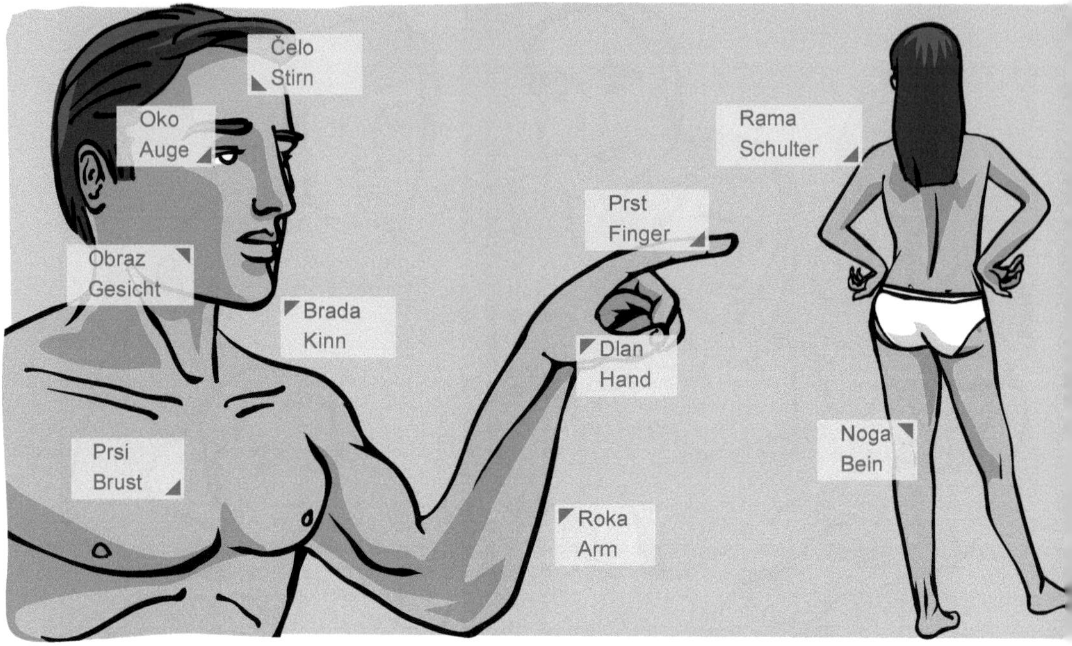

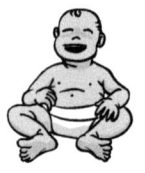

Dojenček

Baby

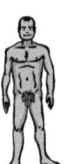

Človek

Mann

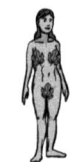

Ženska

Frau

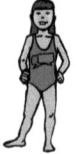

Dekle

Mädchen

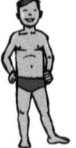

Fant

Junge

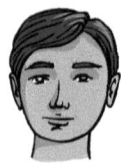

Glava

Kopf

Hrbet

Rücken

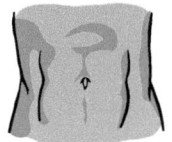

Trebuh

Bauch

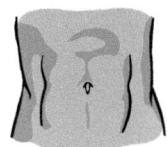

Popek

Nabel

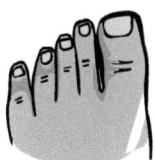

Prst na nogi

Zeh

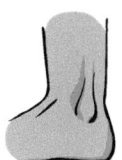

Peta

Ferse

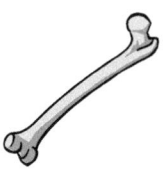

Kost

Knochen

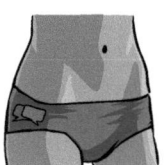

Kolk

Hüfte

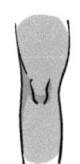

Koleno

Knie

Komolec

Ellenbogen

Nos

Nase

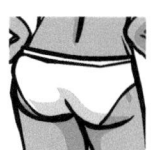

Zadnjica

Gesäß

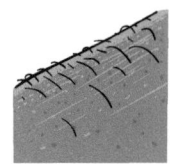

Koža

Haut

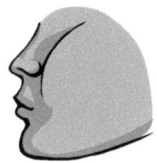

Lice

Wange

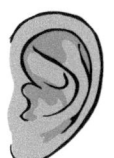

Uho

Ohr

Ustnica

Lippe

Usta

Mund

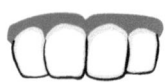

Zob

Zahn

Jezik

Zunge

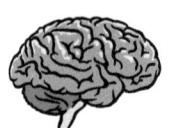

Možgani

Gehirn

Srce

Herz

Mišica

Muskel

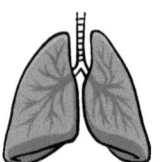

Pljuča

Lunge

Jetra

Leber

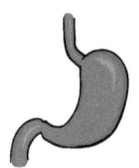

Želodec

Magen

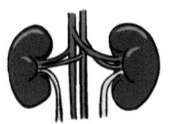

Ledvice

Nieren

Spolni odnos

Geschlechtsverkehr

Kondom

Kondom

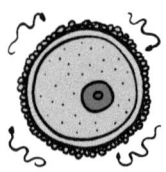

Jajčece

Eizelle

Semenska tekočina

Sperma

Nosečnost

Schwangerschaft

Telo - Körper

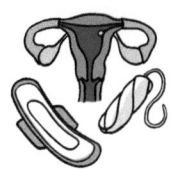

Menstruacija

Menstruation

Vagina

Vagina

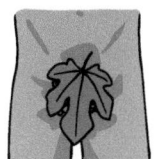

Penis

Penis

Obrv

Augenbraue

Lasje

Haar

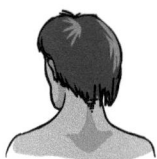

Vrat

Hals

Bolnišnica
Krankenhaus

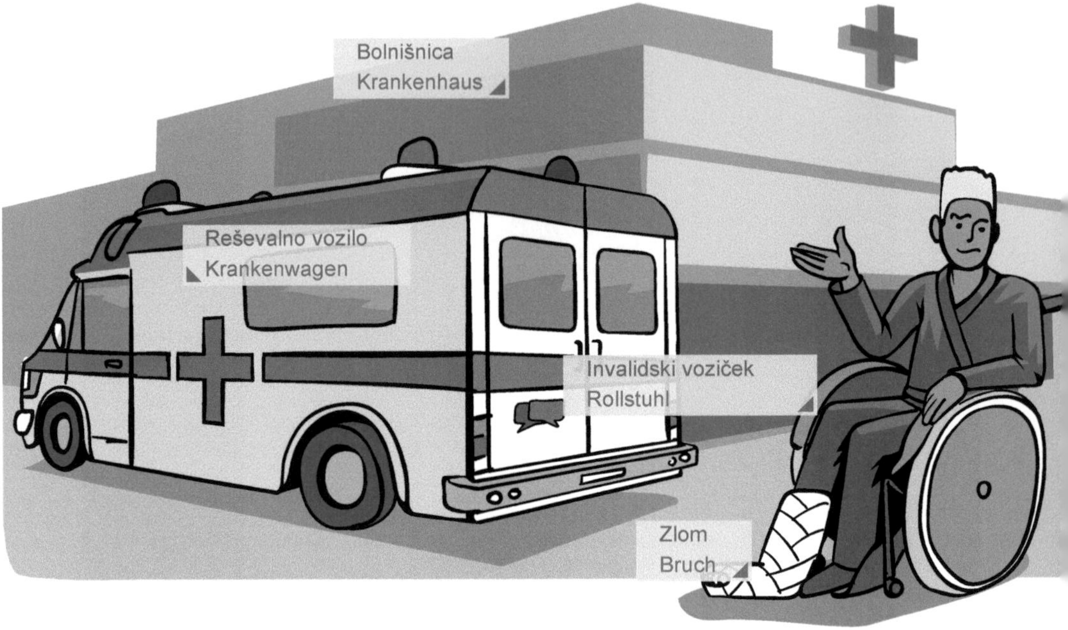

Bolnišnica
Krankenhaus
Reševalno vozilo
Krankenwagen
Invalidski voziček
Rollstuhl
Zlom
Bruch

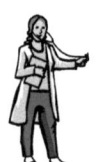

Zdravnik

Arzt

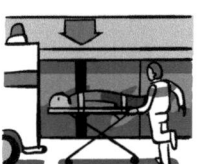

Urgenca

Notaufnahme

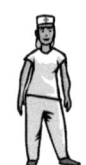

Medicinska sestra

Krankenschwester

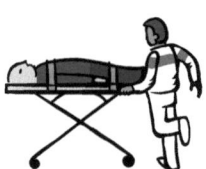

Nujni primer

Notfall

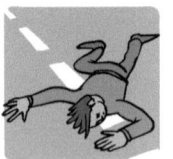

Nezavesten

ohnmächtig

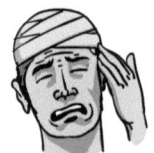

Bolečina

Schmerz

Poškodba

Verletzung

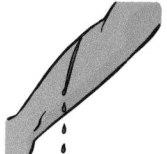

Krvavenje

Blutung

Srčni infarkt

Herzinfarkt

Kap

Schlaganfall

Alergija

Allergie

Kašelj

Husten

Vročina

Fieber

Gripa

Grippe

Driska

Durchfall

Glavobol

Kopfschmerzen

Rak

Krebs

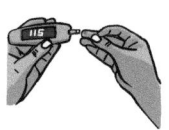

Sladkorna bolezen

Diabetis

Kirurg

Chirurg

Skalpel

Skalpell

Operacija

Operation

CT
CT

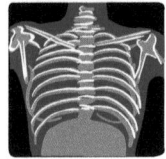

Rentgen
Röntgen

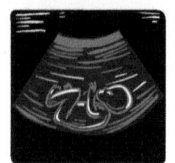

Ultrazvok
Ultraschall

Obrazna maska
Maske

Bolezen
Krankheit

Čakalnica
Wartezimmer

Bergla
Krücke

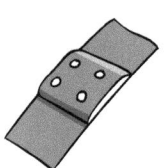

Obliž
Pflaster

Preveza
Verband

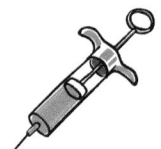

Injekcija
Injektion

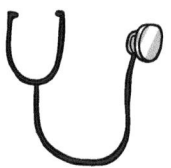

Stetoskop
Stethoskop

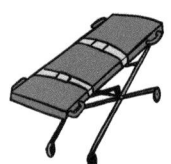

Nosila
Trage

Klinični termometer
Thermometer

Porod
Geburt

Prekomerna teža
Übergewicht

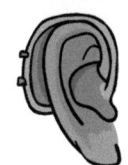

Slušni pripomoček

Hörgerät

Razkužilo

Desinfektionsmittel

Okužba

Infektion

Virus

Virus

HIV / AIDS

HIV / AIDS

Medicina

Medizin

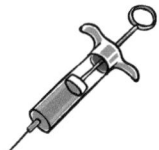

Cepljenje

Impfung

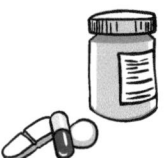

Tablete

Tabletten

Tableta

Pille

Klic v sili

Notruf

Merilnik krvnega tlaka

Blutdruck-Messgerät

bolano / zdravo

krank / gesund

Na pomoč!

Hilfe!

Alarm

Alarm

Napad

Überfall

Napad

Angriff

Nevarnost

Gefahr

Izhod v sili

Notausgang

Gori!

Feuer!

Gasilni aparat

Feuerlöscher

Nezgoda

Unfall

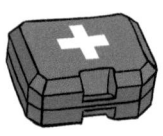

Komplet za prvo pomoč

Erste-Hilfe-Koffer

SOS

SOS

Policija

Polizei

Evropa

Europa

Severna Amerika

Nordamerika

Južna Amerika

Südamerika

Afrika

Afrika

Azija

Asien

Avstralija

Australien

Atlantski ocean

Atlantik

Tihi ocean

Pazifik

Indijski ocean

Indischer Ozean

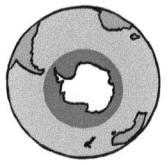

Južni ocean

Antarktischer Ozean

Arktični ocean

Arktischer Ozean

Severni tečaj

Nordpol

Južni tečaj

Südpol

Antarktika

Antarktis

Zemlja

Erde

Kopno

Land

Morje

Meer

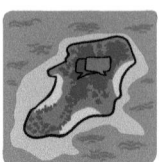

Otok

Insel

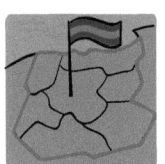

Narod

Nation

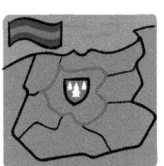

Država

Staat

Številčnica

Zifferblatt

Urni kazalec

Stundenzeiger

Minutni kazalec

Minutenzeiger

Sekundni kazalec

Sekundenzeiger

Koliko je ura?

Wie spät ist es?

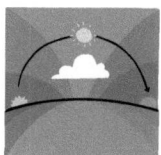

Dan

Tag

Čas

Zeit

Zdaj

jetzt

Digitalna ura

Digitaluhr

Minuta

Minute

Ura

Stunde

Teden
Woche

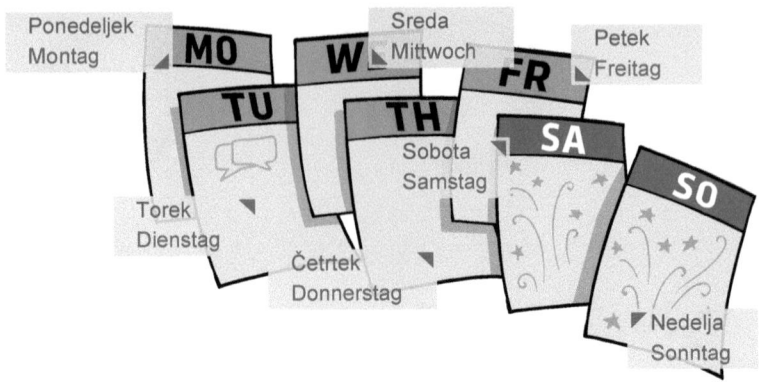

Ponedeljek Montag	Sreda Mittwoch	Petek Freitag
Torek Dienstag	Četrtek Donnerstag	Sobota Samstag
		Nedelja Sonntag

Včeraj

gestern

Danes

heute

Jutri

morgen

Jutro

Morgen

Poldne

Mittag

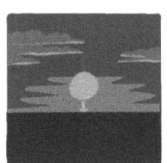

Večer

Abend

Delovni dnevi

Arbeitstage

Konec tedna

Wochenende

Leto
Jahr

Dež
Regen
Mavrica
Regenbogen
Sneg
Schnee
Veter
Wind
Pomlad
Frühling
Jesen
Herbst
Poletje
Sommer
Zima
Winter

4.APRIL 11°
5.APRIL 4°
6.APRIL 13°
7.APRIL 8°
8.APRIL 10°

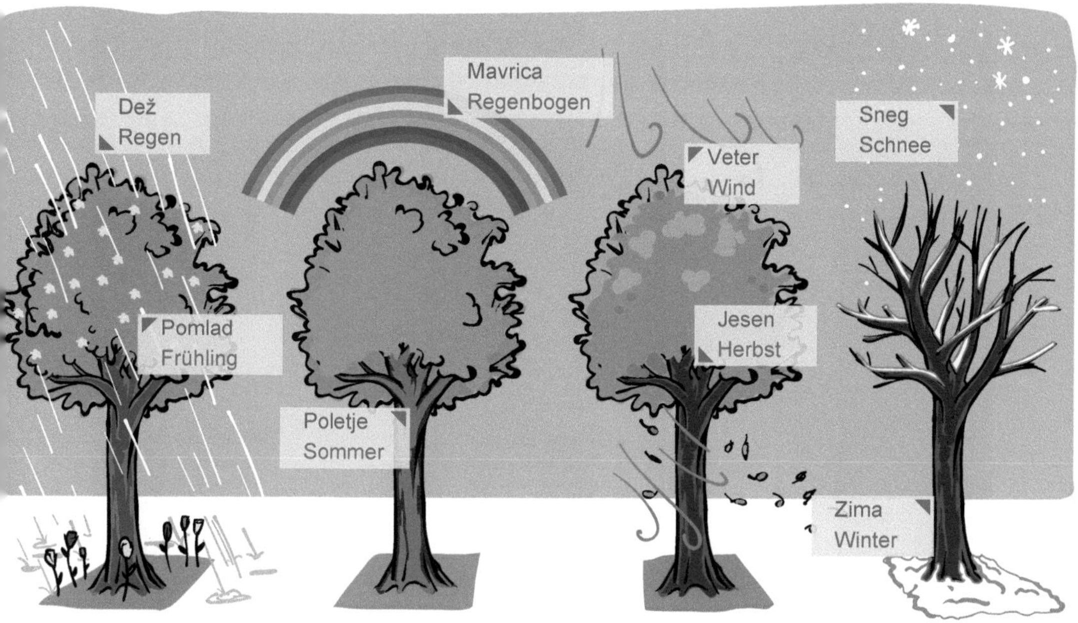

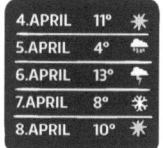

Vremenska napoved

Wettervorhersage

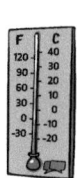

Termometer

Thermometer

Sončna svetloba

Sonnenschein

Oblak

Wolke

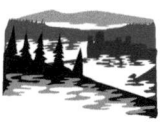

Megla

Nebel

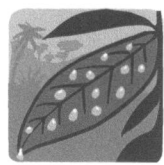

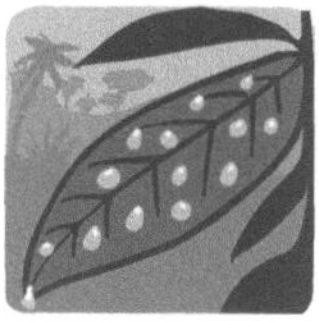

Vlažnost

Luftfeuchtigkeit

Strela

Blitz

Grom

Donner

Nevihta

Sturm

Toča

Hagel

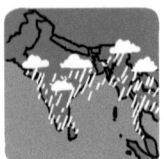

Monsun

Monsun

Poplava

Flut

Led

Eis

Januar

Januar

Februar

Februar

Marec

März

April

April

Maj

Mai

Junij

Juni

Julij

Juli

Avgust

August

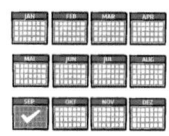

September
....
September

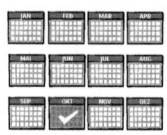

Oktober
....
Oktober

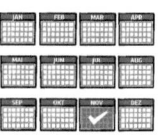

November
....
November

December
....
Dezember

Oblike
Formen

Krogla
....
Kreis

Kvadrat
....
Quadrat

Pravokotnik
....
Rechteck

Trikotnik
....
Dreieck

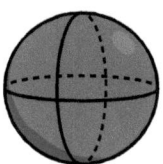

Krogla
....
Kugel

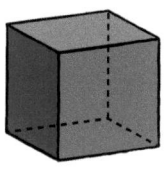

Kocka
....
Würfel

Barve
Farben

Bela

weiß

Rumena

gelb

Oranžna

orange

Rožnata

pink

Rdeča

rot

Vijolična

lila

Modra

blau

Zelena

grün

Rjava

braun

Siva

grau

Črna

schwarz

veliko / malo

viel / wenig

jezno / umirjeno

wütend / friedlich

lepo / grdo

hübsch / hässlich

začetek / konec

Anfang / Ende

veliko / majhno

groß / klein

svetlo / temno

hell / dunkel

brat / sestra

Bruder / Schwester

čisto / umazano

sauber / schmutzig

popolno / nepopolno

vollständig / unvollständig

dan / noč

Tag / Nacht

mrtvo / živo

tot / lebendig

široko / ozko

breit / schmal

užitno / neužitno

genießbar / ungenießbar

zlobno / prijazno

böse / freundlich

vznemirjeno / zdolgočaseno

aufgeregt / gelangweilt

debelo / vitko

dick / dünn

prvo / zadnje

zuerst / zuletzt

prijatelj / sovražnik

Freund / Feind

polno / prazno

voll / leer

trdo / mehko

hart / weich

težko / lahko

schwer / leicht

lakota / žeja

Hunger / Durst

bolano / zdravo

krank / gesund

nezakonito / zakonito

illegal / legal

pametno / neumno

intelligent / dumm

levo / desno

links / rechts

blizu / daleč

nah / fern

novo / rabljeno

neu / gebraucht

nič / nekaj

nichts / etwas

staro / mlado

alt / jung

vklopljeno / izklopljeno

an / aus

odprto / zaprto

offen / geschlossen

tiho / glasno

leise / laut

bogato / revno

reich / arm

prav / narobe

richtig / falsch

grobo / gladko

rau / glatt

žalostno / veselo

traurig / glücklich

kratko / dolgo

kurz / lang

počasi / hitro

langsam / schnell

mokro / suho

nass / trocken

toplo / hladno

warm / kühl

vojna / mir

Krieg / Frieden

0

Ničla

null

1

Ena

eins

2

Dva

zwei

3

Tri

drei

4

Štiri

vier

5

Pet

fünf

6

Šest

sechs

7

Sedem

sieben

8

Osem

acht

9

Devet

neun

10

Deset

zehn

11

Enajst

elf

12

Dvanajst

zwölf

13

Trinajst

dreizehn

14

Štirinajst

vierzehn

15

Petnajst

fünfzehn

16

Šestnajst

sechzehn

17

Sedemnajst

siebzehn

18

Osemnajst

achtzehn

19

Devetnajst

neunzehn

20

Dvajset

zwanzig

100

Sto

hundert

1.000

Tisoč

tausend

1.000.000

Milijon

million

Angleščina

Englisch

Ameriška angleščina

Amerikanisches Englisch

Mandarinščina

Chinesisch Mandarin

Hindujščina

Hindi

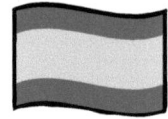

Španščina

Spanisch

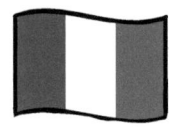

Francoščina

Französisch

Arabščina

Arabisch

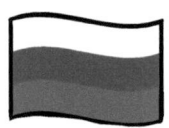

Ruščina

Russisch

Portugalščina

Portugiesisch

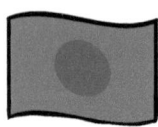

Bengalščina

Bengalisch

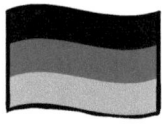

Nemščina

Deutsch

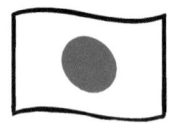

Japonščina

Japanisch

Jaz

ich

Ti

du

On / ona / tisto

er / sie / es

Mi

wir

Vi

ihr

Oni

sie

Kdo?

wer?

Kaj?

was?

Kako?

wie?

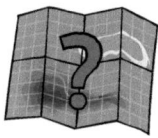

Kje?

wo?

Kdaj?

wann?

Ime

Name

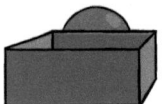

Zadaj

hinter

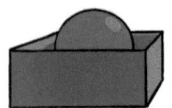

V

in

Pred

vor

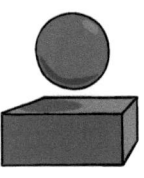

Nad

über

Na

auf

Pod

unter

Poleg

neben

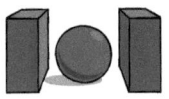

Med

zwischen

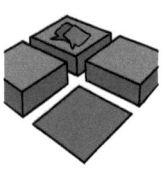

Kraj

Ort